PROJET DE LOI

SUR

LES FAILLITES

RAPPORT

Présenté par M. JACQUAND

Dans la séance du 18 juin 1885.

LYON

IMPRIMERIE A. WALTENER ET Cⁱᵉ

14, Rue Belle-Cordière, 14

JUIN 1885

PROJET DE LOI SUR LES FAILLITES

PROJET DE LOI

SUR

LES FAILLITES

RAPPORT

Présenté par M. JACQUAND

Dans la séance du 18 juin 1885.

LYON

IMPRIMERIE A. WALTENER ET Cie

14, Rue Belle-Cordière, 14

JUIN 1885

PROJET DE LOI

SUR

LES FAILLITES

Dans la séance du dix-huit juin mil huit cent quatre-vingt-cinq, où se trouvent réunis :

M. Sévène, *président ;*

MM. Fougasse, *vice-président ;* Paule, Pariset, Mulaton, Marius Duc, Osmont, Roche-Alix, Edouard Aynard, De La Rochette, Jacquand, Guerin, Lilienthal,

Et Adrien Gourd, *secrétaire,*

M. Jacquand présente le rapport suivant au nom de la Commission des intérêts publics :

Messieurs,

Par une lettre en date du 23 février, M. le Ministre du Commerce a invité notre Chambre à formuler son avis sur le projet de loi sur les faillites qui est soumis au Parlement.

Cette question est intéressante au plus haut degré, car la solution qui lui sera donnée peut réagir plus qu'on ne pense

sur la moralité commerciale de notre pays. Aussi votre commission des intérêts publics a-t-elle apporté à son examen la plus
grande attention. Elle lui a consacré trois séances, et ce sont les
résultats de ses discussions approfondies que j'ai l'honneur de
soumettre à la Chambre.

On considère avec raison la faillite comme une pénalité et
une flétrissure que la loi inflige au commerçant qui s'est mon-
tré imprudent, incapable ou négligent dans la conduite de ses
affaires. L'espèce de dégradation civique qu'elle entraîne à sa
suite exerce une influence préventive des plus énergiques, en
stimulant le zèle, la vigilance et la loyauté des négociants de
toutes catégories.

Malheureusement la loi de 1838, si admirable dans son
ensemble, renferme des dispositions qui engendrent trop
souvent des abus. Aussi les Tribunaux de commerce, et
particulièrement celui de Lyon (1), réclament-ils, depuis
longtemps, des réformes dont l'expérience a démontré la nécessité.

La sévérité avec laquelle sont traités des commerçants
honorables, victimes d'évènements indépendants de leur
volonté ; les efforts que font les débiteurs aux abois pour se
soustraire à l'opprobre de la faillite, soit en prolongeant par
un crédit factice une situation compromise ou désespérée, soit
en se livrant aux spéculations les plus risquées, soit enfin en
cherchant leur salut dans des concordats amiables qui échap-
pent au contrôle de la Justice ; les irrégularités et les fraudes
qui se commettent dans l'élaboration de ces sortes de contrats ;
la pression exercée par des créanciers peu scrupuleux pour
obtenir, en échange de leur signature, des avantages souvent
considérables au préjudice de la masse ; l'intervention toujours
coûteuse et moratoire des agents d'affaires ; et, comme conséquence, un notable abaissement de la moyenne des dividendes

(1) Discours des Présidents, 1875, 1879, 1883.

produits par les faillites, le nombre sans cesse croissant de celles qu'il faut clore pour insuffisance d'actif; tels sont les points que les magistrats consulaires ont signalés à la sollicitude du législateur.

M. Saint-Martin, député, et quelques-uns de ses collègues ont pris l'initiative d'une proposition de loi qui supprimait la faillite pour lui substituer l'état de cessation de paiements ou la banqueroute, suivant les circonstances. Le remède eût été pire que le mal.

Dans ce système, en effet, notre législation sur la matière était bouleversée de fond en comble; l'action tutélaire du tribunal s'effaçait devant le vote des créanciers; et l'état de cessation des paiements était, pour ainsi dire, entouré d'une auréole qui le recommandait à la bienveillance publique. Nous admettrions encore qu'il en fût ainsi, lorsqu'il s'agit de commerçants malheureux, frappés par des évènements fortuits tels que des faits de guerre, une crise politique, ou un sinistre quelconque; on comprendrait que pour eux la loi se montrât indulgente; mais n'est-il pas à craindre qu'à force de sollicitations et d'intrigues, les débiteurs les moins intéressants ne profitent d'immunités dont ils sont peu dignes ?

Aujourd'hui que nos négociants et nos industriels trafiquent dans le monde entier, il importe que les institutions protectrices de la bonne foi ne subissent aucune atteinte. On ne saurait oublier que, pour les étrangers comme pour nos nationaux, la confiance est en raison directe des garanties que le créancier possède vis-à-vis de son débiteur. Affaiblir celles qui découlent de la loi et qui planent ainsi sur toutes les conventions, ne serait-ce pas abaisser notre crédit et provoquer un relâchement de nos mœurs commerciales ?

Ce danger n'a point échappé à la vigilance du gouvernement qui s'est hâté d'opposer à la proposition de M. Saint-Martin un projet de loi délibéré au sein du Conseil d'État.

Amendé par la commission de la Chambre des députés, cet important document a été publié dans le *Journal Officiel* (mars

1884, pages 228 et suiv.) ,avec un rapport des plus substantiels et des plus remarquables de M. Laroze.

L'économie générale de ce nouveau projet consiste à diviser les commerçants insolvables en deux catégories. A la première, dans laquelle rentreront les plus honnêtes, et aussi les plus habiles, il offre le refuge de la liquidation judiciaire sous trois conditions: 1° Accomplissement de certaines formalités dans les dix jours de la suspension des paiements; 2° Acceptation du concordat par les créanciers représentant la majorité en nombre et les deux tiers en sommes; 3° Homologation du tribunal de commerce. A ce prix le débiteur reprend l'exercice de tous ses droits et n'encourt d'autres incapacités que l'inéligibilité aux fonctions consulaires.

La seconde catégorie se compose de tous ceux qui, n'ayant point rempli ces trois conditions, doivent être inexorablement déclarés en faillite sous le régime de l'union des créanciers.

Votre Commission reconnaît qu'à plusieurs points de vue le projet du gouvernement constitue un progrès sur la législation actuelle. Ainsi, il permet à certains débiteurs, dignes d'intérêt, d'échapper à la fois aux flétrissures de la faillite et aux manœuvres de créanciers qui voudraient se créer une situation privilégiée au détriment des autres ; par l'appât d'immunités considérables, il encourage le négociant malheureux à déposer son bilan dès que sa situation est compromise, au lieu de recourir à des expédients désastreux pour la masse ; il donne aux tribunaux et au commerce en général le pouvoir de limiter l'effet des crises que la panique ou la malveillance aggravent quelquefois par un enchaînement indéfini de ruines inattendues ; enfin il facilite, sous l'œil de la Justice, la conclusion des concordats en permettant aux intéressés de s'entendre rapidement et à peu de frais.

Par contre il soulève des objections capitales :

1° Pour peu que l'on sache en tirer parti (et ceux qui y réussiront le mieux ne seront pas toujours les débiteurs les plus honnêtes), la liquidation judiciaire deviendrait la règle, tandis que la faillite passerait à l'état d'exception ; de là un affaiblissement progressif et certain de la moralité commerciale suivi d'un resserrement de crédit qui en sera l'inévitable conséquence.

2° Le dépôt du bilan dans les dix jours de la suspension des paiements étant la condition absolue de toute liquidation judiciaire, on se demande s'il ne serait pas trop rigoureux de vouer fatalement à la faillite et à la procédure de l'union tous ceux que la maladie, l'absence, l'illusion et l'ignorance même de la loi auront empêchés de remplir cette formalité ? Leur nombre serait plus grand qu'on ne le pense, surtout parmi les petits marchands.

3° Si le concordat après faillite était toujours un contrat de bienfaisance dans lequel une des parties consent à l'autre un abandon motivé par des considérations d'ordre purement sentimental, on concevrait, à la rigueur, que le failli en encourût la déchéance faute d'avoir observé les prescriptions de la loi. Mais nous savons tous que ce concordat est souvent une transaction, un arrangement, à la réalisation duquel les créanciers sont presque aussi intéressés que le débiteur. Dans bien des cas, le projet du gouvernement, en voulant punir celui-ci, mettra, bon gré mal gré, les créanciers sous le régime de l'union, et amènera, au préjudice de tous, la dispersion brutale, irrémédiable des éléments industriels les mieux coordonnés ou des organisations commerciales les plus laborieusement préparées.

Sur ce point, le législateur irait donc au delà du but qu'il vise ; nous n'en voulons d'autre preuve que cette belle parole du rapporteur :

« Si l'on réfléchit aux sommes immenses qui s'engloutissent « tous les jours dans les faillites et au nombre de ceux qui « en souffrent, on s'aperçoit bien vite que l'intérêt le plus « sacré est celui des victimes de tant de spéculations mala- « droites ou coupables. Nous ne l'avons jamais perdu de vue. « Nous avons cependant fait à la commisération une large

« part quand il s'est agi du débiteur et de son avenir, nous
« rappelant que chaque fois qu'un homme abandonne l'espé-
« rance de se relever d'une chute quelconque, il y a une
« perte certaine pour la société. »

Votre Commission des intérêts publics, frappée de ces considérations générales, s'est unanimement prononcée en faveur
d'une réforme qui maintiendrait comme principe fondamental
la loi de 1838, sauf à en modifier quelques dispositions suran-
nées, et qui ferait revivre, non plus temporairement, mais
à titre définitif, le décret-loi du 22 avril 1871, sur *les Concordats amiables*. On atteindrait ainsi plus sûrement le résultat que l'on poursuit ; du moins ne se heurterait-on plus aux
inconvénients qui viennent d'être signalés ; enfin on revien-
drait à un régime qui, deux fois déjà, a reçu la consécration
de l'expérience.

« Nous croyons, dit encore le savant rapporteur, qu'il est
« infiniment rare qu'une réforme s'impose si elle brise entière-
« ment les formes anciennes pour les remplacer, du jour au
« lendemain, par les nouvelles. Nous avons, au contraire,
« confiance dans la refonte d'une législation quand elle sait
« tenir compte des enseignements du passé et de l'expérience
« acquise, et lorsqu'elle conserve de l'ancienne loi tout ce qui
« a fait ses preuves et ne contredit pas l'esprit nouveau qu'on
« veut faire pénétrer dans les vieilles institutions. »

Cette théorie est particulièrement vraie en matière de loi sur
les faillites, et votre commission se féliciterait que la Chambre
des députés se décidât à remanier son œuvre dans le sens qui
vient d'être indiqué.

Telles sont les réflexions générales qu'a inspirées à votre
Commission des intérêts publics l'étude du projet sur
lequel le Ministre du Commerce a bien voulu demander
l'avis de notre Chambre. Tel est l'esprit dont elle s'est
pénétrée dans l'examen des questions de détail soulevées par
ce projet, et dont quelques-unes motivent les observations
très sérieuses.

Art. 438. — *La liquidation judiciaire ne peut être ordon-
née que sur requête présentée par le débiteur au tribunal de
commerce de son domicile, dans les dix jours de la cessation
de ses payements.*

Art. 469. — *La faillite d'un commerçant peut être déclarée
après son décès, lorsqu'il est mort en état de cessation de
payements.*

*La déclaration de faillite ne peut être soit prononcée d'office,
soit demandée par les créanciers, que dans l'année qui suit le
décès.*

*Lorsque la faillite est déclarée après le décès du débiteur,
ou lorsque le débiteur décède dans le cours des opérations, ses
héritiers ou ayants droit peuvent se faire représenter pour le
suppléer dans la formation du bilan, ainsi que dans toutes les
opérations de la faillite.*

En rapprochant ces textes, on remarque que les héritiers ou
parents d'un commerçant décédé ne sont point admis à solliciter pour lui le bénéfice de la liquidation judiciaire.

Il arrivera cependant, tantôt aux époques d'épidémies, de
guerre et de crises, tantôt en cas de sinistre ou de maladie,
qu'un négociant honorable, ruiné par des circonstances indé-
pendantes de son fait, sera mort sans avoir pu remplir les formalités énoncées aux art. 438 et suivants ; si le législateur doit
se montrer indulgent pour les infortunes imméritées, cette in-
dulgence semble d'autant plus opportune quand il s'agit d'un
commerçant défunt.

L'art. 469, § 1er, reproduisant littéralement les termes de l'art.
437, § 2, actuel, que la jurisprudence interprète dans un sens
impératif et non facultatif, votre Commission est d'avis que sa
rédaction définitive donne formellement aux tribunaux un
pouvoir d'appréciation.

Art. 439. — *La requête est accompagnée d'une liste indiquant le nom et le domicile de tous les créanciers.*

En cas de cessation de paiements d'une société en nom col-

*lectif ou en commandite, la requête contient le nom et l'indi-
cation du domicile de chacun des associés solidaires.*

*En cas de cessation de paiements d'une société anonyme, la
requête est signée par le Directeur de l'administration qui en
remplit les fonctions. Dans tous les cas, elle est déposée au greffe
du tribunal dans le ressort duquel se trouve le siège du prin-
cipal établissement de la société.*

La liste indiquant le nom et le domicile de tous les créanciers sera le plus souvent incomplète ou erronée, surtout après
un incendie qui aura détruit la comptabilité. La teneur du § 1ᵉʳ
est donc trop absolue. Votre Commission désirerait qu'on
ajoutât les mots : *aussi exactement que possible.*

Mais c'est principalement sur le § 3 que s'est portée son
attention. Cette disposition admet, au bénéfice de la liquidation
judiciaire, les sociétés anonymes sans aucune distinction, aussi
bien celles dont les actions sont entièrement libérées que
celles dont le capital a été partiellement versé.

Dans les sociétés ordinaires, chaque associé est solidairement
tenu de tout le passif social. Si l'on fait fléchir la rigueur de ce
principe pour les sociétés par actions, c'est qu'elles se présen-
tent sous la forme d'associations de capitaux, et que les tiers,
en leur faisant crédit, ont uniquement égard à leur capital et
non à la personnalité cachée ou mouvante des actionnaires.
Mais si, au moyen de la liquidation judiciaire et du concordat
qui en est le couronnement, on permettait à ces derniers de se
soustraire à la prestation intégrale du capital qu'ils ont souscrit,
on frustrerait les créanciers du gage sur lequel ils étaient en
droit de compter; du même coup on encouragerait les conseils
d'administration et les acheteurs de titres aux spéculations les
plus malsaines, car ils profiteraient des chances heureuses
qu'elles comportent, avec l'espoir de se soustraire aux risques
qui en sont la juste contrepartie.

Comprendrait-on qu'au jour du naufrage, la personnalité de
l'actionnaire qui s'est jusque là dissimulée, pût surgir et se
substituer au capital, de telle sorte que le créancier se trouvât

inopinément en présence d'une collectivité qui n'est pas une société en nom collectif, puisque les individus dont elle se compose n'en acceptent ni la solidarité, ni les obligations morales, et qui n'est plus une société anonyme puisque le capital, en considération duquel on a fait crédit, peut se dérober?

Comprendrait-on davantage que tel actionnaire possédant une fortune considérable fût reçu à solliciter ou à laisser solliciter en sa faveur un concordat à remise, parce que tel autre est incapable de faire face à ses engagements?

On rétablirait ainsi à rebours la solidarité des associés, incompatible avec le principe de l'anonymat.

A quoi serviraient donc les prescriptions de la loi qui obligent les sociétés à publier leurs statuts et à « énoncer sur tous « les actes, factures, annonces, publications et autres docu- « ments imprimés ou autographiés le montant de leur capital « social »? (art. 63 et 64 de la loi du 24 juillet 1867). Ces dispositions si prévoyantes ne seraient plus en vérité qu'un piège tendu à la crédulité publique!

Le tiers qui contracte avec une société en nom collectif a pour garanties non seulement l'actif mobilier et immobilier, présent et futur, de chacun des associés, mais encore leur intelligence et leur honorabilité; il est donc fondé, même en cas de faillite ou de liquidation judiciaire, à compter sur leur désir de se libérer et de se faire réhabiliter. S'il consent à signer le concordat au profit de l'un ou de plusieurs d'entre eux, il est guidé par des motifs personnels de sympathie ou de commisération auxquels s'ajouteront presque toujours la promesse et l'espoir d'un paiement intégral après retour à meilleure fortune.

Au contraire, celui qui traite avec une société anonyme n'a en face de lui autre chose qu'un capital déterminé dont le chiffre lui paraît suffisant pour le couvrir. En cas de suspension de paiements, les actionnaires n'auront point à cœur de faire des sacrifices pour obtenir la réhabilitation d'un être impersonnel. De son côté, le créancier, sachant qu'il n'a rien à attendre de leur intelligence ou de leur honorabilité, lesquelles ne sont point en jeu, ne saurait être contraint par aucune majorité de faire acte de sympathie et de générosité en faveur de ce même être impersonnel qui va disparaître pour toujours.

Le capital des sociétés anonymes étant juridiquement la cause du crédit qu'on leur accorde, l'effet une fois produit, la cause ne doit plus disparaître. En conséquence, la première condition que devrait remplir une société anonyme pour être admise au bénéfice de la liquidation judiciaire, ou d'un concordat quelconque, serait d'obliger ses actionnaires à la libération de leurs titres. Quant aux insolvables, ils justifieraient de leur insolvabilité vis-à-vis du liquidateur ou du syndic qui pourront transiger avec eux individuellement, sous réserve d'homologation par le tribunal, et de toutes autres formalités utiles.

Cela revient à dire que les sociétés anonymes en suspension de paiements ne devraient obtenir le plus souvent qu'un concordat par abandon d'actif, aussi bien sous le régime de la liquidation judiciaire qu'après leur mise en faillite.

Vainement alléguera-t-on que ce serait créer aux actionnaires une situation trop rigoureuse. Nous répondrons par la maxime: *Ubi emolumentum, ibi et onus esse debet*. L'actionnaire ayant le privilège de n'être associé que jusqu'à concurrence de sa mise, a, par contre, l'obligation rigoureuse de la verser intégralement.

S'il s'est formé un courant d'opinion en sens contraire, votre Commission estime qu'il procède d'idées fausses, de préjugés dangereux qui se sont développés surtout dans le monde des spéculateurs, et que les lanceurs d'affaires ont cherché à exploiter, au grand dommage de la fortune et de l'honnêteté publiques. L'essentiel aujourd'hui est de couper le mal dans sa racine.

Que les actionnaires soient prudents, qu'ils se gardent d'acheter plus de titres qu'ils n'en peuvent payer, et personne ne soulèvera l'objection tirée de la rigueur excessive de la loi. A plus forte raison doit-elle être écartée pour ceux qui auront agi dans un but de spéculation, et qui seront toujours les plus ardents à solliciter un concordat.

Un projet de loi sur les sociétés a été discuté récemment devant le Sénat; mais il est muet sur les questions que nous venons d'étudier. Leur solution s'impose donc dans une loi organique de la faillite.

Des exemples récents nous montrent d'ailleurs que, dans les faillites de Sociétés anonymes, il est souvent impossible de réunir les créanciers en assemblées générales, de discuter sé-rieusement avec eux les clauses d'un concordat et d'en observer les formalités. On suit alors une procédure de fantaisie, des syndicats s'organisent pour faire de l'agitation dans un sens ou dans l'autre, surprendre la bonne foi des créanciers, acheter leurs créances à vil prix et trafiquer des pouvoirs en blanc qu'ils ont recueillis. Que valent dès lors les majorités obtenues sans débat ni contrôle ? C'est là une source d'abus et une ques-tion d'ordre public qu'il est urgent de signaler à l'attention du législateur au moment où il se préoccupe, non sans raison, de moraliser les sociétés par actions.

Art. 442 — Le débiteur peut, sous la surveillance du liqui-dateur procéder au recouvrement des effets et créances exigibles et faire tous actes conservatoires.

Sous la même surveillance et avec l'autorisation du juge-commissaire, il peut procéder à la vente des objets sujets à dépérissement ou à dépréciation imminente ou dispendieux à conserver et continuer l'exploitation de son commerce ou de son industrie.

Dans ce dernier cas, l'ordonnance du juge-commissaire, qui est exécutoire par provision, peut être déférée, par toute partie intéressée, au tribunal de commerce.

Les fonds provenant des recouvrements et ventes sont versés à la Caisse des Dépôts et Consignations par le liquidateur.

On ne voit guère comment s'exercera la surveillance du liquidateur. Son rôle et sa responsabilité ne sont pas suffisamment définis.

Pour lui donner une situation plus nette, autant que pour prévenir la fraude ou les fautes du débiteur, votre Commission demande instamment que ce dernier soit dessaisi de l'administration de ses biens, comme sous l'empire du décret-loi du 22 avril 1871, et qu'ainsi il ne puisse faire aucun acte sans le concours effectif de son liquidateur. Ce dessaisissement prendrait fin après l'homologation du concordat. L'intérêt de toutes les parties y est engagé. Ce n'est pas là un danger illusoire. Si la loi manque de précision, le liquidateur voudra trop s'immiscer dans les opérations du liquidé, et il en résultera des tiraillements fâcheux, ou il ne sera qu'une sorte de figurant jouant un rôle inutile. Enfin, toutes les fois que le débiteur pourra entrevoir que ses créanciers sont peu disposés à voter son concordat, il sera tenté de faire disparaître son actif. Puisque la liquidation judiciaire s'effectue sous le contrôle de la justice, comme son nom l'indique, il est nécessaire que les tiers y trouvent les plus amples garanties.

Art. 448. — La production et la vérification ont lieu dans les formes prescrites par le chapitre 5 du titre III. Toutefois le jugement sur les contestations de créances doit être rendu, soit par le tribunal de commerce, soit par le tribunal civil, dans un délai de trois semaines, à compter du jour du renvoi prononcé par le juge-commissaire.

Le délai de trois semaines, dans lequel il doit être statué sur les contestations de créances, paraît insuffisant. Le rôle toujours très chargé des grands tribunaux; la nature souvent compliquée du litige qui nécessitera des débats contradictoires, une expertise ou une enquête; les éventualités de défaut et d'appel; les délais de distance et les incidents multipliés qui pourront surgir; voilà autant de circonstances qui rentreront difficilement dans le cadre étroit de cet article. Son texte absolu ne se prêtant à aucune extension, on ne voit pas comment on sortira d'embarras toutes les fois que l'actif social sera gravement affecté par la solution d'un procès difficile à instruire. Tant que le litige restera en suspens, quelles délibérations utiles pourront prendre les créanciers ?

La matière requiert célérité ; mais ne serait il pas imprudent d'introduire dans la loi des dispositions qui en paralyseraient l'exécution, ou que l'on serait obligé de tourner par des expédients plus ou moins arbitraires ?

Art. 456. — Lorsqu'une société en nom collectif ou en commandite est en état de liquidation judiciaire, les créanciers peuvent ne consentir de concordat qu'en faveur d'un ou de plusieurs des associés.

Si, malgré l'avis exprimé plus haut à propos de l'article 439, les sociétés par actions étaient admises à présenter un concordat autrement que par abandon d'actif, il serait nécessaire d'introduire dans la loi une disposition permettant aux créanciers de se montrer plus exigeants envers les actionnaires solvables qu'envers les autres. Puisqu'il leur est loisible de traiter plus ou moins favorablement chacun des associés en nom collectif, à plus forte raison devrait-il en être ainsi quand ils sont en présence d'actionnaires entre lesquels il n'existe aucune solidarité active ou passive.

Les art. 467 et 468 admettent qu'un négociant peut obtenir plusieurs fois le bénéfice de la liquidation judiciaire. Votre Commission voudrait que cette faculté fût, au contraire, une faveur exceptionnelle, dont on ne pût jamais faire un métier. Pour cela il paraîtrait sage d'en priver, au moins en principe, ceux qui ont déjà traité avec leurs créanciers depuis moins de cinq ans, et aussi ceux qui offrent un dividende inférieur à 30 %.

Cependant, parmi ces récidivistes ou ces gens dépourvus d'actif, il s'en trouvera parfois d'honnêtes auxquels on ne saurait reprocher de fautes personnelles. Les crises commerciales ou politiques, la maladie, les fléaux de toute nature peuvent tantôt surprendre un homme à l'instant où il est le plus engagé, tantôt le frapper cruellement à de courts intervalles, avant qu'il ait pu se relever d'un premier échec par une réhabilitation.

Placé entre le double écueil d'une tolérance qui engendrerait des abus, et d'une rigidité excessive qui atteindrait des innocents, le législateur trouvera aisément le moyen d'éviter l'un et l'autre. Pourquoi, dans ces cas exceptionnels ne ferait-il pas intervenir la Cour d'appel pour statuer, toutes Chambres réunies, sur une question en quelque sorte préjudicielle de haute excusabilité ?

A propos de l'art. 470, votre Commission pense qu'il vaudrait mieux désigner l'administrateur de la faillite sous le nom de syndic. Outre que cette dénomination est consacrée par un long usage, elle éviterait des confusions dans les faillites de sociétés anonymes qui comportent fréquemment des procès entre le syndic et les membres du conseil d'administration ou les administrateurs délégués.

Les art. 479 et 480 motivent plusieurs observations.

D'abord votre Commission regretterait que l'on supprimât la période suspecte des dix jours précédant la suspension des payements. Ceux qui ont pu, en qualité de juges-commissaires, examiner de près les agissements d'un négociant en détresse, savent combien à la dernière heure, dans les convulsions suprêmes de l'agonie commerciale, il se commet de fraudes et d'irrégularités onéreuses pour la masse. C'est le moment où le débiteur cherche à dissimuler une partie de son actif par des opérations fictives ; c'est celui où il est en butte aux menaces des créanciers qui veulent être payés d'une façon quelconque au détriment des autres, sans parler des manœuvres usuraires et dolosives de ces prêteurs et agents véreux dont l'industrie consiste à exploiter les situations désespérées pour en tirer rançon.

En second lieu, si l'on ne laisse pas aux tribunaux une certaine faculté d'appréciation qui leur est reconnue par l'art. 447 actuel, ou si les syndics font trop de zèle, les reports de faillite

se multiplieront et avec eux les demandes en rapports de paiements effectués, sous prétexte qu'ils ont eu lieu avec connais-
sance de la ruine du débiteur.

Votre rapporteur a entendu un syndic, d'ailleurs fort honorable, plaider qu'il suffisait qu'un négociant fût à plusieurs
reprises assigné par ses créanciers devant le tribunal de commerce pour que son état de suspension de paiements fût
notoire. A plus forte raison soutenait-il qu'un paiement opéré
en cours de poursuites était par cela même soumis à l'obligation du rapport. Ce sont autant de questions de fait que les
tribunaux devraient trancher et qu'il est impossible de réunir
sous une formule aussi absolue que l'art. 480.

Enfin on ne saurait rester indéfiniment dans l'incertitude sur
le point de savoir si un paiement de dette échue est ou non
définitif. Le Code italien tranche la difficulté au moyen d'une
prescription de trois ans que votre Commission voudrait voir
consacrer par la loi française.

*Art. 506 — L'administrateur peut se faire autoriser par le
tribunal, les contrôleurs dûment appelés, à traiter à forfait de
tout ou partie des droits et actions dont le recouvrement n'a
pas été opéré et à les aliéner. Le jugement fixe les conditions
du traité ou de l'aliénation*

*Tout créancier peut s'adresser au juge commissaire pour
provoquer une délibération des créanciers à cet égard.*

Cette disposition paraît bien imprudente. Elle permettrait
au syndic de s'affranchir des règles tutélaires de la loi pour
leur substituer des procédés arbitraires. On verrait bientôt se
former des agences ou des associations plus ou moins avouées
ayant pour but de spéculer sur le résultat probable des faillites.
Pour y réussir, ne chercheraient-elles pas, par tous les moyens
possibles, à circonvenir les syndics et à surprendre la bonne
foi ou la vigilance du juge commissaire ?

Qu'afin de clore plus rapidement une faillite les créanciers
aient quelquefois avantage à vendre des droits litigieux, ou

certaines créances d'un recouvrement long et difficile, on le comprend sans peine; mais ce que l'on ne saurait admettre, c'est que l'actif et le passif puissent être communément cédés à un tiers ou à une « bande noire » quelconque. Cela deviendrait bientôt un usage.

Pourquoi faire des lois destinées à régler minutieusement une question délicate et de droit strict comme celle de la faillite, s'il était loisible de les éluder par un simple détour ?

Et quand se présenteraient des circonstances *absolument exceptionnelles* dans lesquelles une vente en bloc aura quelque raison d'être, votre Commission estime que du moins parmi les conditions à remplir devraient figurer l'approbation préalable des créanciers avec les majorités requises pour le concordat, l'homologation du tribunal et le pouvoir pour la minorité de faire opposition à cette homologation.

Art. 518. — *Si le failli est déclaré excusable, il reprend l'exercice de ses droits électoraux suspendus par le jugement déclaratif de la faillite, mais n'est éligible à aucune fonction élective.*

Votre Commission serait d'avis que le failli, même déclaré excusable, fût rayé de la liste des électeurs appelés à nommer les tribunaux et les Chambres de commerce, ainsi que les conseils de Prud'hommes. Indépendamment de la nécessité qu'il y a de restreindre le droit de suffrage aux négociants dont l'honorabilité commerciale est intacte, on est choqué à l'idée que le failli sera dans le cas de se prononcer sur certaines candidatures, notamment sur celles de son ancien juge-commissaire ou des créanciers qui auront refusé de souscrire à ses propositions de concordat.

L'art. 533 supprime l'affirmation de créance sous la foi du serment. Quoi qu'on en puisse dire, cette formalité avait son utilité. Elle sera désormais remplacée par un bordereau terminé par ces mots : J'affirme que ma présente créance est sincère et véritable; le tout daté et signé. Mais on ne dit pas comment devront procéder les créanciers illettrés.

Les art. 579 et 580 prévoient les fraudes commises par les créanciers, qui produiraient une créance supposée ou volontairement exagérée , ou qui stipuleraient à leur profit des avantages particuliers.

A ce sujet, on doit observer que les peines correctionnelles ne pourront atteindre ni les étrangers, ni les individus qui auront pris la fuite, tandis que les amendes frapperont plus sûrement les coupables par la facilité qu'aura le fisc de les percevoir sur les dividendes à distribuer. Aussi paraîtrait-il préférable d'élever à 10.000 fr. voire même à 20.000 francs, le maximum de l'amende, afin de punir la mauvaise foi par le côté le plus sensible.

Art. 3. — *Le dernier § de l'art. 163 du Code de commerce est abrogé et remplacé par les dispositions suivantes :*

Dans le cas de liquidation judiciaire ou de faillite de l'accepteur avant l'échéance, le porteur peut faire protester, mais il ne peut exercer un recours qu'après l'échéance, et les délais qui lui sont impartis par les articles suivants ne courent qu'à compter du lendemain de cette échéance.

Ces dispositions, qui porteraient une atteinte sérieuse à la législation sur la lettre de change, ne sauraient recevoir l'assentiment de votre Commission.

Nos affaires avec le dehors se règlent déjà, trop souvent, à l'aide des remises sur l'étranger, et le marché du papier français n'est pas tellement actif qu'il y ait lieu d'ajouter un nouveau motif de préférence aux remises sur Londres ou Francfort qui offriront plus de garanties au porteur.

Les considérations qui ont déterminé la commission parlementaire sont ainsi présentées dans le rapport de l'honorable M. Laroze :

« On ne peut méconnaître, en premier lieu, la gêne extérieure

« que cette disposition entraînait pour le commerce. Elle était
« telle que dans la plupart des cas, on n'exécutait pas la loi, tant
« il était difficile d'exiger une caution de tous les obligés, sou-
« vent très nombreux, qui figuraient sur un billet à ordre ou
« une lettre de change.

« Mais c'est surtout l'injustice et le danger de la mesure qui
« ont décidé votre Commission.

« Lorsqu'un commerçant reçoit par endossement un effet
« sur lequel figurent plusieurs obligés, tenus solidairement à son
« égard, il sait qu'il a, jusqu'à l'échéance, à courir les chances
« de l'insolvabilité de chacun d'eux ; dès lors, la loi ne doit pas
« modifier à son avantage un contrat qui a été librement con-
« senti et lui fournir des sûretés sur lesquelles il n'a pas dû
« compter.

« Si la déchéance du terme est équitable à l'égard de celui
« qui cesse ses paiements, elle est profondément injuste quant
« à celui qui, étant endosseur d'un effet, a donné sa signature
« sous la condition qu'il ne devrait rien avant le jour de
« l'échéance, et dont rien ne permet de suspecter la solvabilité ;
« or, sous le prétexte que l'un des obligés a manqué à ses en-
« gagements, l'ancien article 444 forçait ses co-obligés à donner
« une caution, qui, dans la pratique, s'achète à beaux deniers
« comptants, ou à perdre, depuis le jour de la faillite du sou-
« scripteur jusqu'à l'échéance de l'effet, les intérêts de son capi-
« tal. Ce commerçant a disposé ses affaires pour être prêt à
« payer au jour promis et on l'oblige à des sacrifices qui peuvent
« le gêner profondément au moment d'une crise commerciale
« entraînant la chute d'un grand nombre de ses obligés. C'est
« nuire au crédit d'une manière dangereuse, et nous deman-
« dons à la Chambre d'effacer entièrement cette partie de l'ar-
« ticle 444. »

La disposition que l'on propose d'abroger a-t-elle soulevé
contre elle des réclamations émanant de gens autorisés et basées
sur des faits précis ?

Nous sommes très portés à croire qu'au sein de la commission parlementaire, la question a été présentée et discutée à un point de vue essentiellement théorique, car il ne nous a jamais paru que le commerce eût à se plaindre de la loi sur la lettre de change, qui est certainement une des meilleures de notre code. Et, ce qui nous confirme dans cette pensée, c'est que les motifs mis en avant ne portent évidemment pas l'empreinte d'une grande expérience commerciale.

En effet, rien n'est moins vrai que la prétendue désuétude dont on parle et la difficulté d'exiger une caution de tous les obligés.

Voici ce qui se passe dans la pratique : quand le porteur tient pour bonne la signature de son cédant ou celle de quelqu'autre obligé au titre, il se borne à lui repasser en compte l'effet protesté, sans autres formalités ; lorsqu'il n'a qu'une foi douteuse dans la solvabilité de son cédant et des autres endosseurs, il se fait rembourser ou il exige des garanties, ce qui ne peut paraître que très légitime. Cette dernière éventualité est même assez rare, personne ne consentant à escompter des signatures inconnues, à longue échéance, sans s'être préalablement fait donner des sûretés, et aucun créancier n'étant contraint de recevoir en paiement des valeurs de ce genre.

Admettons même que la réforme proposée vienne à passer dans notre loi ; qu'arrivera-t-il ? Les banquiers, soit dans leurs tarifs, soit dans le contrat de change, stipuleront à leur profit les droits actuels de recours, et le résultat le plus clair que l'on aura obtenu sera la vulgarisation d'une nouvelle clause de style. De temps en temps aussi, un négociant inexpérimenté, victime de sa crédulité, fera itérativement crédit à un acheteur de mauvaise foi qui l'aura réglé avec du papier de complaisance, puis, au bout de quelques mois, il se verra, par suite de retours accumulés, créancier de sommes considérables là où il se figurait être couvert des affaires antérieures. Ce genre de spéculation mérite-t-il d'être favorisé ? D'autre part est-on fondé à dire que celui qui reçoit une lettre de change, par endossement, sait qu'il a jusqu'à l'échéance à courir les chances de l'insolvabilité de chacun des obligés au titre, et qu'il dispose ses affaires en conséquence ? que cela soit exact pour les banquiers et les grandes maisons de commerce, nous en convenons, mais croire que la généralité des autres négociants montre autant de vigilance, c'est se faire illusion. Plus on descend dans les couches de la hiérarchie commerciale, si l'on peut s'exprimer ainsi, plus on constate leurs dispositions à prendre ou à donner en paiement le premier papier venu, et leur imprévoyance à l'endroit des recours qui peuvent en résulter.

Quant à la caution dont il faut faire de loin en loin les frais, elle risquera d'être remplacée par une commission supplémentaire que prendront les banquiers sur chaque négociation, ce qui finira par être beaucoup plus cher.

C'est ainsi que la réforme proposée serait stérile ou qu'elle tournerait contre ceux que l'on veut protéger et qui ne demandent point à l'être.

Mieux vaudrait donc laisser les choses en leur état, sans toucher aux art. 163 et 444 du Code de commerce, bien innocents des vices dont on les accuse.

Art. 602. — *Nul ne peut être réhabilité que s'il a intégralement acquitté en capital, intérêts et frais toutes les sommes par lui dues, et après s'être conformé aux dispositions du présent titre.*

Les sommes revenant aux créanciers décédés, dont les héritiers sont inconnus, ainsi qu'à ceux qui ont disparu ou dont le domicile n'est pas connu, peuvent être déposées en leur nom à la Caisse des Dépôts et Consignations.

La justification du dépôt équivaudra à la quittance dans la procédure en réhabilitation.

Art. 603. — *L'associé solidaire d'une maison de commerce déclarée en état de liquidation judiciaire ou de faillite, ne peut obtenir sa réhabilitation que s'il justifie que toutes les dettes de la société ont été intégralement payées en capital, intérêts et frais, lors même qu'un concordat particulier lui aurait été consenti.*

Art. 614. — *Le commerçant déclaré en état de liquidation judiciaire ou de faillite peut être réhabilité après sa mort.*

C'est un principe de la philosophie du droit moderne que les peines doivent avoir autant que possible un caractère répressif et moralisateur, excluant toute idée de vengeance sociale ou de désespérance.

Si un condamné pour crimes ou délits de droit commun a le pouvoir de racheter sa faute par la réhabilitation, à plus forte raison doit-il en être de même pour le commerçant qui n'a point fait honneur à ses engagements, car, aux considérations élevées qui inspirent le législateur en ces matières, s'ajoute ici l'intérêt des créanciers.

Simplifier les formalités qui entravent la réhabilitation du failli, c'est donc faire une œuvre utile et morale.

Le projet de loi y a pourvu par deux dispositions très heureuses : la faculté de déposer à la Caisse des Dépôts et Consignations les sommes revenant aux créanciers dont la trace a été perdue, et le droit pour les héritiers de poursuivre la réhabilitation de leur auteur après son décès.

Votre commission voudrait que l'on fît un pas de plus dans cette voie en fixant à trois pour cent, et sans cumul, le taux de l'intérêt légal pour les cas prévus aux art. 602, 603 et 614.

L'escompte de la Banque de France, les emprunts de l'Etat, ceux des grandes compagnies, les bons du Trésor, les dépôts dans les caisses d'épargne, enfin le revenu net des immeubles ou des valeurs les mieux classées oscillent de plus en plus autour de ce taux de trois pour cent qu'il faut entrevoir comme normal dans un avenir prochain.

Mais, surtout, quand on songe aux difficultés que rencontre celui qui a débuté par un échec dans sa carrière industrielle ou commerciale, aux défiances et au discrédit dont il est entouré, on est forcé de convenir qu'il lui faut, non seulement beaucoup d'énergie, mais encore de longues années, pour reconstituer un capital à l'aide duquel il puisse payer ses dettes passées, et assurer à sa vieillesse ou à sa famille le pain, la sécurité du lendemain. Avec l'intérêt calculé au taux légal de six pour cent, un passif de 100.000 francs atteindra en dix-sept ans le total de 202.000 francs, en vingt-cinq ans celui de 250.000 francs. Impuissant ou découragé en présence de pareils chiffres, le débiteur reculera presque toujours devant les abandons à faire pour rétablir l'honneur de son nom. Après sa mort, ses héritiers, dont la tâche deviendra chaque jour plus lourde, auront plus rarement encore la vertu du sacrifice. En sorte que la réhabilitation après faillite ne sera abordable qu'à ces hommes rares dont le cœur est au dessus de toute faiblesse, ou à ceux que la fortune et le hasard auront tellement comblés de leurs faveurs qu'il ne leur en coûtera relativement rien pour l'obtenir.

Si l'intérêt se calcule à trois pour cent, les charges diminueront et en sens inverse croîtront les tendances à effacer les traces d'un passé malheureux.

La morale publique et les créanciers y gagneront certainement plus qu'ils ne risquent d'y perdre. En tous cas, plus on facilitera l'accès de la réhabilitation, moins seront excusables ceux qui, pouvant y parvenir, se refuseront à en remplir les conditions.

Une erreur assez répandue est que le failli qui veut être réhabilité doit payer les intérêts composés de sa dette, ce qui ne contribue guère à simplifier le problème. Le projet de loi pourrait utilement introduire dans les articles 602 et 603 les mots *sans cumul* qui dissiperaient ce malencontreux préjugé.

En résumé, Messieurs, votre Commission des intérêts publics conclut en demandant :

· 1° Que, sauf des modifications de détail, la loi de 1838 soit maintenue comme loi organique de la faillite, et simplement amendée par des dispositions empruntées à l'esprit du décret d'avril 1871 sur les *Concordats amiables;* en d'autres termes que la faillite reste la règle des suspensions de paiements, tandis que la liquidation judiciaire en sera seulement l'exception et le correctif à des conditions nettement déterminées;

2° Que les tribunaux aient un pouvoir d'appréciation pour la mise en liquidation judiciaire des commerçants décédés;

3° Que les sociétés anonymes ne soient point admises à présenter de concordats autrement que sous forme d'abandon d'actif, ce qui impliquera pour les actionnaires solvables l'obligation de libérer leurs titres.

4° Que le concours effectif du liquidateur soit obligatoire dans tous les actes de la liquidation judiciaire, le débiteur devant être dessaisi de l'administration de ses biens jusqu'à l'homologation de son concordat;

5° Que, certains délais énoncés dans les articles 448 et suivants soient moins absolus, et que les tribunaux aient au besoin le pouvoir de les prolonger, quand les circonstances l'exigeront;

6° Qu'en dehors de circonstances tout-à-fait exceptionnelles, le bénéfice de la liquidation judiciaire ne puisse être accordé au commerçant qui aura déjà suspendu ses paiements depuis moins de cinq ans, sans avoir été réhabilité, ou qui offrira à ses créanciers un dividende inférieur à 30 pour cent;

7° Que, pour éviter des confusions, l'administrateur de la faillite conserve le nom de syndic;

8° Que l'on maintienne la période suspecte de dix jours réglée par l'art. 446 de la loi actuelle, ainsi que la faculté d'appréciation laissée aux tribunaux par l'art. 447 de ladite loi;

9° Que le paiement d'une dette échue ne soit plus sujet à rapport après un délai de trois années;

10° Que la rédaction de l'art. 506 du projet exclue formellement toute possibilité de spéculer sur les faillites ou d'éluder les formalités tutélaires et de droit strict ordonnées par la loi;

11° Que le failli, même déclaré excusable, soit rayé des listes électorales appelées à concourir à la nomination des tribunaux consulaires, des Chambres de commerce et des Conseils de Prud'hommes ;

12° Que les fraudes prévues par les art. 579 et 580 du projet entraînent toujours condamnations à de fortes amendes, pouvant s'élever à un maximum de 10.000 fr., et même au-dessus ;

13° Que les art. 163 et 444 du Code de commerce, en ce qui concerne les lettres de change, ne soient l'objet d'aucune modification ;

14° Qu'afin de faciliter les réhabilitations après faillite ou liquidation judiciaire, l'intérêt des dettes soit calculé à raison de trois pour cent l'an, et *sans cumul*.

Ce rapport entendu,

LA CHAMBRE DE COMMERCE DE LYON l'adoptant dans ses termes et conclusions,

Le convertit en délibération.

Décide qu'il sera transmis à M. le Ministre du Commerce pour servir de réponse à sa lettre du 23 février 1885.

Pour extrait conforme :

Le Secrétaire, membre de la Chambre,

ADRIEN GOURD.

19.193 — Imp. WALTENER ET Cⁱᵉ, rue Belle-Cordière, 14. — Lyon.